MW00946706

Subject:
Date:

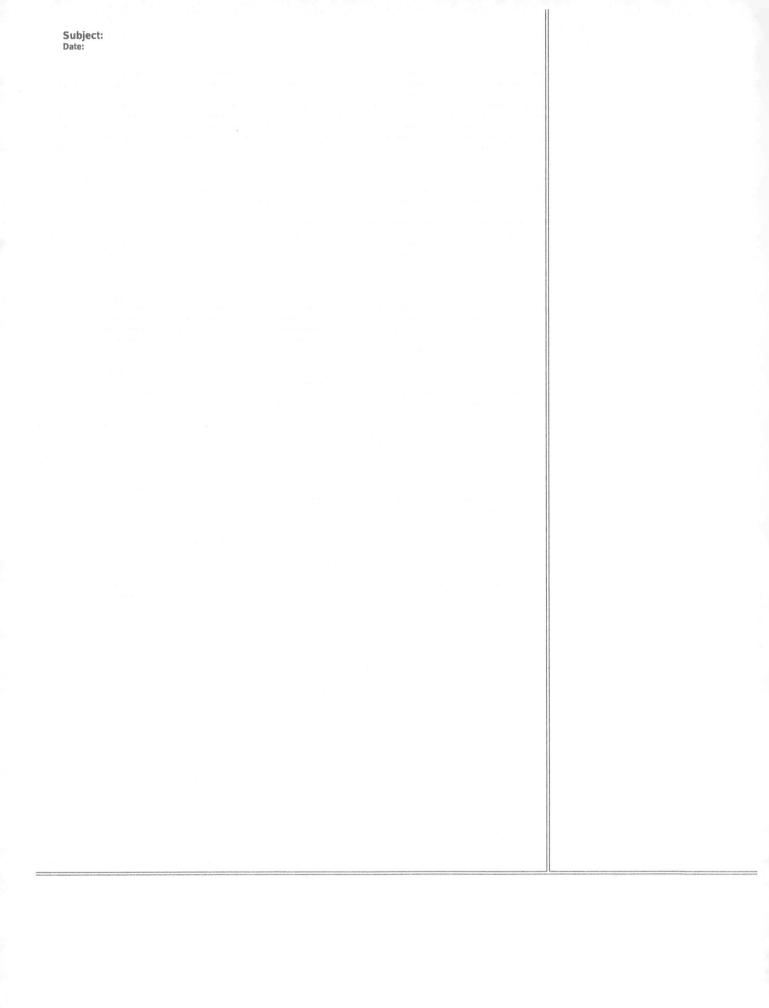

Subject:
Date:

Subject:
Date:

Subject:
Date:

Subject:
Date:

Subject:
Date:

Subject:
Date:

Subject:
Date:

Subject:
Date:

Subject:
Date:

Subject:
Date:

Subject:
Date:

Subject:
Date:

Subject:
Date:

Subject:
Date:

Subject:
Date:

Subject:
Date:

Subject:
Date:

Subject:
Date:

Made in the USA
Middletown, DE
18 July 2023

35418224R00099